Identificar
el propósito del autor

Frases claves para **identificar el propósito del autor**:

El autor escribió este libro porque
quería ____.
Lo sé porque ____.

informar	El lector aprende algo nuevo.
convencer	El autor quiere que el lector opine igual que él.
entretener	El lector se divierte.

Un autor escribe porque tiene algo que decir.
Tiene un **propósito**. El propósito puede
ser **informar**, **convencer** o **entretener**.

¿Qué es el Gobierno?

Washington D. C. es una gran **ciudad**.

Es el hogar del Gobierno de Estados Unidos.

¿Qué es el Gobierno?

El Gobierno son grupos de personas.

Esas personas trabajan para todos nosotros.

Una **ley** es una regla.

El Gobierno hace las leyes.

Las leyes son reglas para todos.

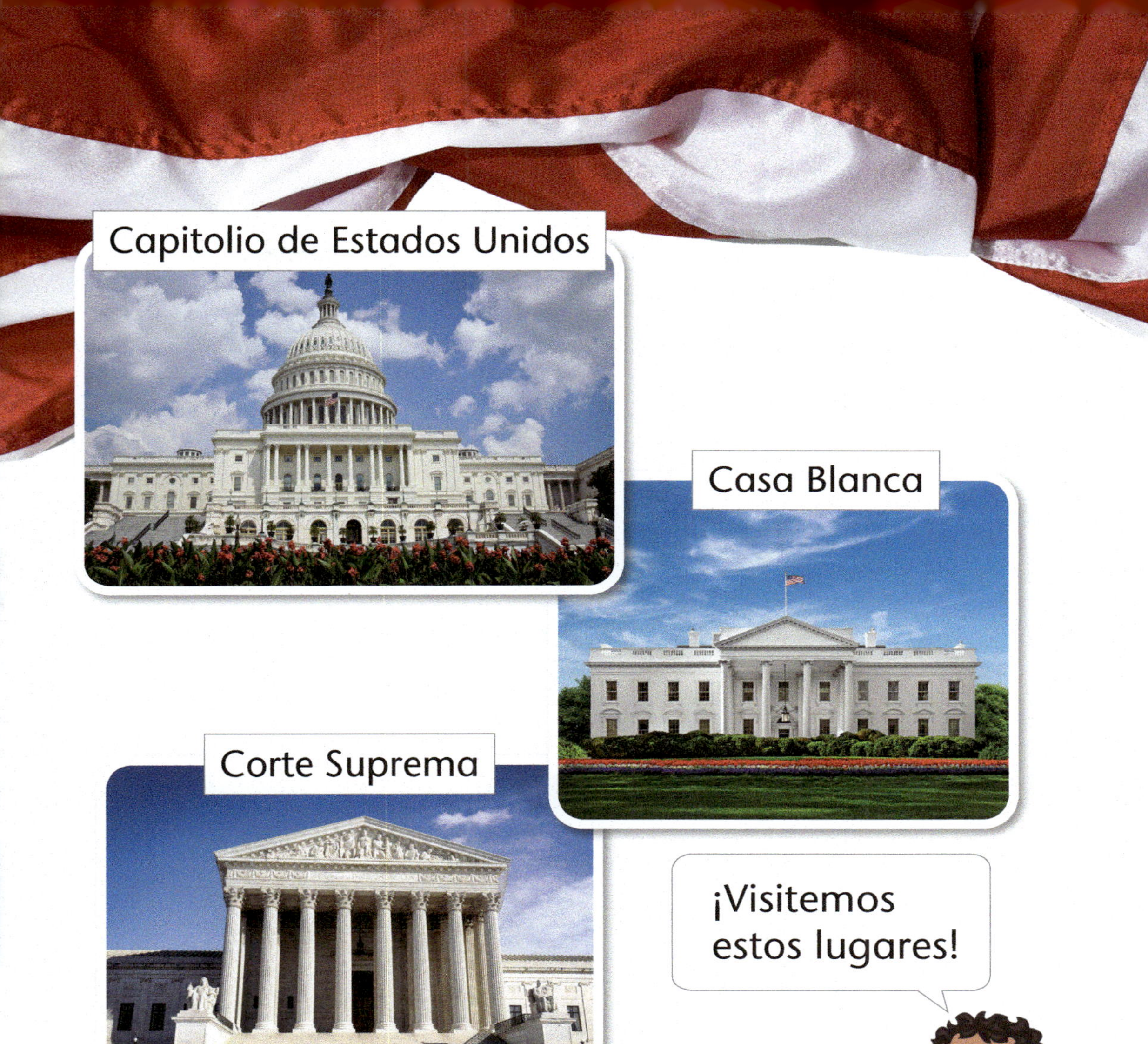

El Gobierno de Estados Unidos tiene tres partes.

Cada parte hace un trabajo diferente.

Cada parte está en un lugar diferente.

Este es el Capitolio de Estados Unidos.

El Congreso de Estados Unidos trabaja aquí.

El Congreso hace las leyes.

Mucha gente trabaja en el Congreso.

El Congreso tiene dos grupos que hacen
las leyes.

Hacen nuevas leyes para las escuelas
y las familias.

Hacen nuevas leyes para todos.

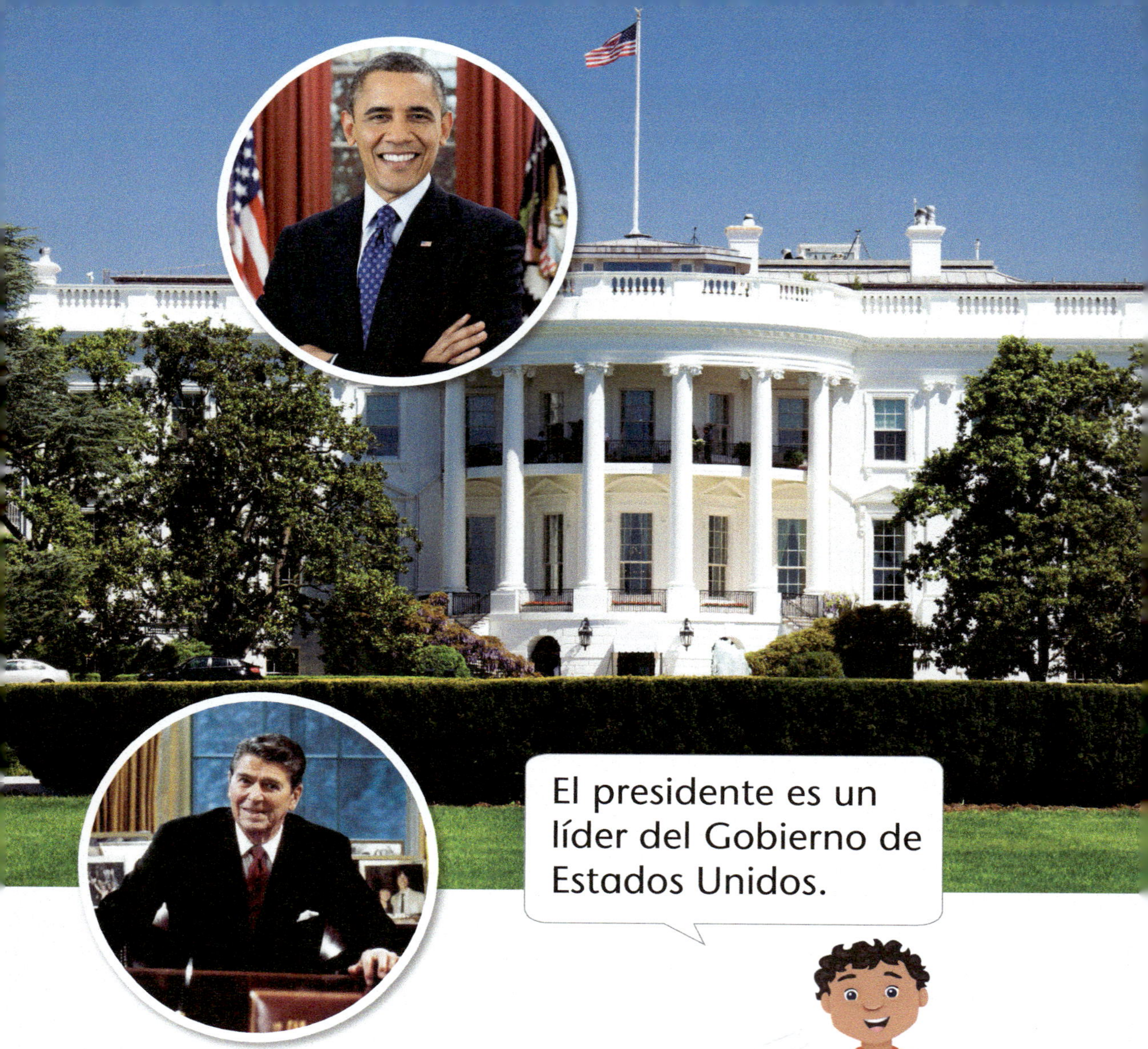

El presidente es un líder del Gobierno de Estados Unidos.

Esta es la Casa Blanca.

El presidente de Estados Unidos trabaja aquí.

El presidente se asegura de que la gente obedezca las leyes.

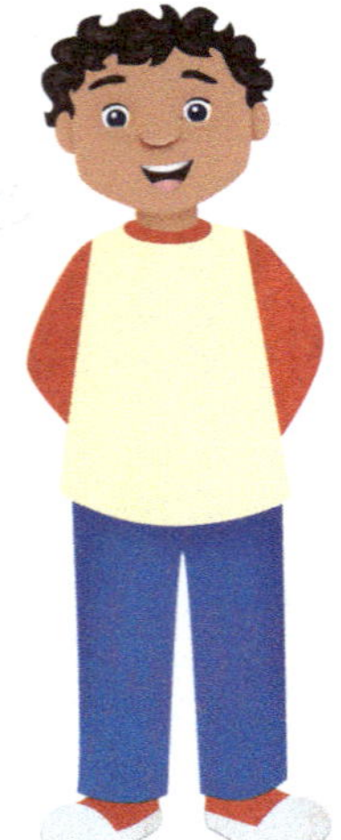

La Casa Blanca tiene una gran **oficina**.

Se llama la **Oficina Oval**.

El presidente trabaja en la Oficina Oval.

La Casa Blanca también
es un hogar.

El presidente vive aquí.

La familia del presidente
vive aquí.

Esta es la Corte Suprema.

Aquí trabajan los jueces.

Los jueces piensan en las leyes.

Los jueces explican lo que significan las leyes.

A veces a la gente no le gusta una ley.

El pueblo acude a los jueces.

El pueblo dice por qué una ley es injusta.

Los jueces escuchan al pueblo.

Los jueces piensan en la ley.

Los jueces deciden si una ley es injusta.

Mucha gente visita Washington D. C.

Visitan el Capitolio de Estados Unidos.

Visitan la Casa Blanca.

Visitan la Corte Suprema.

A la gente le gusta visitar Washington D. C.

A la gente le gusta ver el hogar del Gobierno
de Estados Unidos.

A la gente le gusta aprender sobre el Gobierno.

ciudad

oficina

ley

Oficina Oval

Every effort has been made to trace the copyright holders of the works published herein. If proper copyright acknowledgment has not been made, please contact the publisher and we will correct the information in future printings.

Photography and Art Credits

All images © by Vista Higher Learning unless otherwise noted.

Cover: (t) Sagittarius Pro/Shutterstock; (m) Orhan Cam/Shutterstock; (b) Brandon Bourdages/123RF.

4: F11photo/Shutterstock; **5:** (t) Paul Morse/The White House; (b) Mark Reinstein/ Shutterstock; **6:** Andersen Ross Photography Inc/Getty Images; **7:** Chones/Shutterstock; (t) Orhan Cam/Shutterstock; (m) Sagittarius Pro/ Shutterstock; (b) Brandon Bourdages/123RF; **8:** (t) ItzaVU/Shutterstock; (b) Paul Stringer/123RF; **9:** Redpixel.PL/Shutterstock; Mark Reinstein/ Shutterstock; **10:** Andrea Izzotti/123RF; Courtesy of the Library of Congress; **11:** Thomas Baker/ Alamy; (t) Courtesy of the National Archives and Records Administration; (m) Courtesy of the National Archives and Records Administration; (b) Paul Morse/The White House; **12:** Courtesy of the National Archives and Records Administration; Glowimages/Getty Images; **13:** Dlewis33/Getty Images; Sean Pavone/Shutterstock; **14:** (t) Stockbyte/Getty Images; (b) Sirtravelalot/Shutterstock; **15:** Stillfx/ Shutterstock; (t) Burlingham/Shutterstock; (b) Sirtravelalot/Shutterstock; **16:** (t) AevanStock/Shutterstock; (b) Al Teich/Shutterstock; **17:** Eduardo Herzog/Shutterstock; **18:** (tl) F11photo/Shutterstock; (tr) Courtesy of the National Archives and Records Administration; (bl) Andersen Ross Photography Inc/Getty Images; (br) Courtesy of the National Archives and Records Administration; **Master Art:** Rawf8/Alamy.

Dirección Creativa: José A. Blanco
Vicedirector Ejecutivo y Gerente General, K–12: Vincent Grosso
Editora Ejecutiva: Julie McCool
Desarrollo Editorial: Salwa Lacayo, Lisset López, Isabel C. Mendoza
Diseño: Radoslav Mateev, Gabriel Noreña, Andrés Vanegas, Manuela Zapata
Coordinación del proyecto: Karys Acosta, Andrea Cubides, Tiffany Kayes
Derechos: Jorgensen Fernandez, Annie Pickert Fuller, Kristine Janssens
Producción: Thomas Casallas, Oscar Díez, Sebastián Díez, Andrés Escobar, Adriana Jaramillo, Daniel Lopera, Daniela Peláez, Daniel Tobón

¿Qué es el Gobierno?
ISBN: 978-1-66993-997-9

Published in the United States of America

1 2 3 4 5 6 7 8 9 GP 30 29 28 27 26 25